Apóstol Samuel Cameroun

¡ SOLO HAY UNA FE!

Apóstol Samuel Cameroun

¡ SOLO HAY UNA FE!

Efesios 4 : 4 - 6

CREDO EDICIONES

Imprint

Cover image: www.ingimage.com

Publisher:
CREDO EDICIONES
is a trademark of
International Book Market Service Ltd., member of OmniScriptum Publishing Group
17 Meldrum Street, Beau Bassin 71504, Mauritius
Printed at: see last page
ISBN: 978-613-5-33347-3

Decimoséptimo Estudio Bíblico / **27**

¡ SOLO HAY UNA FE!

Efesios 4: 4 - 6

¡Para ti!

Recordamos que este estudio de la Biblia, ***"¡Hay una Fe! "*** *es parte de una serie de siete mensajes doctrinales fundamentales inseparables; de Efesios 4: 4-6. Para* Proverbios 9: 1 "*La sabiduría edificó su casa; Labró sus siete columnas". "*

Toda la colección se titula **" ¡Quien lee, preste atención! Otras Buenas noticias! ".** *Consta de* otros 20 estudios bíblicos, *que lo complementan. ¡Todos estos estudios bíblicos han sido diseñados para su crecimiento y edificación espiritual!!!*

La paz de Dios en el interior, el gozo de Cristo en el exterior...

PRÓLOGO EN...

Colección de la serie cristiana:
" ¡ AQUEL QUE HAY QUE HACER ADVERTENCIA! "
(Mateo 24:15)

Durante el transcurso de nuestro caminar espiritual, nos acercaremos a los fundamentos de la sana doctrina cristiana que es el pilar y el soporte de la verdad. Según el apóstol Pablo, animando a su fiel compañero en 1 Timoteo 3: 14-15, le escribió: " *Te escribo estas cosas, con la esperanza de llegar pronto a ti, pero para que lo sepas, si me demoro., cómo debemos comportarnos en la casa de Dios, que es la Iglesia del Dios vivo, columna y sostén de la verdad.* " Siguiendo al apóstol Pablo, los estudios de esta serie, a lo largo, unirán los temas bíblicos. doctrina a los de la profecía, porque Jesucristo exhorta fraternalmente a la Iglesia que es `` Miembro de su Cuerpo está siempre presente junto a su familia. Para ello, las enseñanzas de la presente colección se basarán principalmente en los libros conjuntos de *Apocalipsis* (*Apocalipsis*), yuxtapuesto con el de *Daniel,* para confirmar esta buena nueva del mensaje del evangelio. Ya que, al final de los siglos, la doctrina evangélica, los diez mandamientos de Moisés y la profecía fueron preciosamente recomendados a los cristianos genuinos, para servir como su compa ss en la oscuridad de la oscuridad del mal. Esto se debe al espíritu de desconcierto que llevó a la apostasía doctrinaria, ahora muy popular, entre todas aquellas comunidades de cristianos que afirman que la Biblia llama " *¡ Babilonia la grande, la madre de lo prohibido!* " » *Apocalipsis 17: 5.*

Además, debemos buscar a Dios con todas nuestras fuerzas, ¡nosotros que somos la generación al final de la historia de este mundo destinada a su inminente y eterna ruina! Es solo Jesús, quien ha determinado las condiciones de su salvación para cualquiera que sinceramente quiera escapar saliendo de este mundo impío. Porque solemnemente declara: " *nadie puede venir a él, si el Padre no lo atrae...* " Sin embargo, una vez que vienen al Señor, nosotros también saber que Jesús añade: " *nadie puede llegar a Dios sin pasar a través de él (Jesús)* ". Finalmente, ¿cuál es el objetivo de nuestro caminar cristiano? ¿ Y qué es la Iglesia de Cristo? ¿Puede ser una organización denominacional? - ¿Las Asambleas Cristianas tienen que depender de alguna agencia gubernamental para probar que son la Iglesia de Cristo?

Mientras los verdaderos cristianos se preparan para afrontar la peor persecución de la historia santa, por el *" 666 "* que pronto condicionará a todo hombre, - ¿Deberían nuestras finanzas, como los diezmos, comprometerse para ganarnos el cielo? - ¿Está Cristo todavía presente en estas denominaciones llamadas Iglesias? - ¿Quién debería ser la cabeza de la Iglesia de Cristo? - ¿Cómo se están construyendo actualmente las comunidades cristianas bajo el único Pastor, Jesucristo? - ¿Tiene la Iglesia de Cristo líderes visibles? - ¿Puede esta Iglesia de Cristo mantener la corrupción? ¿Puede comprometer tan poco nuestra salvación por algunas doctrinas no bíblicas? ¿Qué iglesia de hecho hoy está perfectamente de acuerdo con la santa voluntad de Cristo revelada en la Biblia?

Para todas estas preguntas y tantas otras que sin duda olvidamos, la colección `` *Que los que lean, presten atención ",* ofrece exclusivamente respuestas bíblicas sencillas y bastante completas según cada tema abordado. Las respuestas a estas preguntas anteriores en enunciado, digámoslo, solo se darán a los corazones humildes, por eso esta serie cristiana *"Tenga cuidado el que lee",* es una serie de mensajes vivos. Fueron diseñados con las necesidades espirituales de nuestra generación en mente, especialmente las profecías que la Biblia, a través de la revelación y la enseñanza doctrinal de Cristo, los apóstoles y profetas de la antigüedad, nos invita a escudriñar día y noche sin descanso. en una vida de oración, su cumplimiento, a fin de darnos la fuerza para comparecer ante el Hijo de Dios en el último día. Aquí está la promesa de Cristo a su

Iglesia: " *Al que venciere y guarde mis obras hasta el fin, le daré autoridad sobre las naciones.* » Apocalipsis 2:26

NB: A menos que se indique lo contrario, las referencias bíblicas citadas en los estudios están tomadas de la versión de las Sagradas Escrituras (Louis Second). Y para cada tema, puedes consultar el resumen al final. Por la indicación ordinal (pregunta-respuesta), cualquier reacción en particular, podría provocar un apoyo bíblico y / o comunitario personalizado, por pequeño que sea, ya sea que se manifieste en nuestro sitio web, por llamada telefónica de WhatsApp o en nuestra dirección de correo electrónico marcada en la parte inferior de cada página.

De este modo, la Iglesia les presenta una serie de *" 27 estudios bíblicos "*, complementando la mayor cantidad de mensajes de video y audio en una versión electrónica descargable desde el sitio web *www Christians-Église.org.* ¡Todo esto por igual número de folletos, que se ofrecerán gradualmente, como el Señor Yahvé Dios provee con misericordia y gracia en Jesucristo!

Toda esta colección se ofrece de forma gratuita, con el fin de respetar el espíritu de Cristo que nos recomendó donarla, ya que la recibimos gratis:

¡ENTONCES NO DEBE A NADIE VENDER ESTA PALABRA DE DIOS!

Pero primero, lo invitamos a recibir la carta del autor escrita para sus lectores. Esta carta podría servir como hoja de ruta y guía educativa. Sin embargo, nunca es cristiano creer que nuestro Señor actuará de manera idéntica en todos los casos, durante tu crecimiento espiritual o durante el ministerio pastoral de evangelización a través de ti. Es por ello que, una vez más, los invitamos a permanecer atentos a su voz espiritual, a través del canal infalible que representa para cualquiera, la lectura asidua de su palabra, la Biblia.

Hermanos y hermanas, que la paz de Dios, que sobrepasa todo entendimiento, guarde sus mentes en Cristo Jesús. ".

Acoger, tomando con la Iglesia, el pequeño y estrecho camino que conduce a la eternidad, y del que sólo el Hijo de Dios es Guía y Soberano Pastor...

En primer lugar, le aconsejaremos durante su estudio bíblico que sea crítico con el significado de las doctrinas que abordarán estas santas cartas. En esto, seguirás las recomendaciones de los Apóstoles según Hechos 17:11. " *Estos judíos tenían sentimientos más nobles que los de Salónica; recibieron la palabra con gran entusiasmo y examinaron las Escrituras todos los días para ver si lo que se les decía era correcto.* "

A medida que crece como cristiano, lea su Biblia con regularidad. Escuche al Espíritu Santo. Comparta esta riqueza con otros. Sea generoso, especialmente con los que le rodean. Sepa cómo fomentar las iniciativas de estudios comunitarios. Pon a prueba a quienes con espíritu de vana crítica te acusarán de sectario. Lucha sin dejarte distraer por los enemigos de tu alma. Simplifique su vida cristiana. Ayude a los pobres de su vecindario, comenzando por los miembros de su familia. Participe en campañas de evangelización pública. ¡Explota todos los nichos de la comunicación y difunde las buenas nuevas como sembradores de vida!

No ignore a nadie en sus oraciones. Invoca el favor de Yahvé Dios a los que te escuchan, pero también a los que te resistirán. "No tengas enemigos…, vive en paz con todos… y mantente en perfecta armonía… ", con toda la Iglesia de Cristo local en el país, ciudad o distrito de tu residencia.

Hermanos y hermanas, " huid del pecado " y " sed santos " porque " nuestro Dios es Santo. " Y en agradecimiento a Dios por haberte salvado y enviado ", cántale constantemente y cánticos espirituales bajo la inspiración de su Espíritu. "

Como has " recibido gratis ", ¡no rompas esta cadena de solidaridad! Con los nuevos discípulos, comience presentando el evangelio y luego aborde los temas doctrinales según su audiencia y sus necesidades espirituales. Podrás elegir los temas que más te convengan, obedeciendo la voz del Espíritu Santo. Y como el " eunuco etíope " debes saber que Cristo se les unirá en el camino cuando te tomes la molestia de enseñárselo, especialmente a los jóvenes. Entréguense a sus Hermanos Cristianos " como ofrenda a Dios ", porque " la mies es mucha pero los obreros pocos. " También, recuerde la promesa de Cristo en la parábola de los " obreros de la última hora "

Así, " nuestro gozo será perfecto " al saber que van camino a la patria celestial, siendo hijos de Dios y siervos de Cristo, si han aprendido que " no hay mayor amor que dar la vida por aquellos a quienes amamos ". amor ". Así como " hay más alegría en dar que en recibir "

Por último, ser feliz, a la espera de nuestro Salvador Jesús, que " se no se olvide de su participación en la propagación del Evangelio y el mensaje de la verdad ". No temas sino a Dios mismo. Y luego, muy rápidamente cuéntanos sobre tu testimonio: dones que el Espíritu Santo te habrá otorgado, con miras a perfeccionar el cuerpo de Cristo. " ¡ Sean bendecidos en todos los sentidos! "

Entonces, " ***AMADOS*** *", reciban estos estudios bíblicos como un regalo del Señor Jesús, transmitidos por el ministerio de evangelización de su Iglesia en Camerún, por su devoto servidor y modesto hermano de África, que desea recordarles que Yahwéh Dieu, a través de su Hijo Jesucristo, te ama con Amor Eterno. También crea en nuestro devoto afecto fraterno, a través del anticipo del Espíritu Santo. Amén.*

NB: *Al final del estudio bíblico, de este título, encontrará los diferentes temas propuestos en la colección de estudios bíblicos "Tenga cuidado el que lee". Recordamos a los lectores que esta serie de estudios bíblicos cristianos está disponible sin cargo para su edificación en www.chrétiens-Église.org*

CAMERÚN SAMUEL, Apóstol del SEÑOR JESUCRISTO.
camerounsamuel@gmail.com
Tel + 237 690600469 o + 237 679647767

Texto introductorio

Mateo 8: 6 - 13

EL CENTURION ROMANO

Cuando Jesús entró en Capernaum, vino un centurión, preguntándole y diciendo: Señor, mi criado yace en casa enfermo de parálisis, gravemente atormentado. Jesús le dijo: Iré a curarlo. El centurión respondió: Señor, no soy digno de que entres bajo mi techo; pero di una sola palabra y mi criado sanará. Porque yo, que estoy sujeto a los superiores, tengo soldados bajo mis órdenes; y le digo a uno: ¡Vete! Y se va; al otro: ¡Vamos! Y viene; ya mi sirviente: ¡Haz esto! Y lo hace. Jesús, al oírlo, se asombró y dijo a los que le seguían: De cierto os digo que ni siquiera en Israel he hallado una fe tan grande. Ahora les digo que vendrán muchos del oriente y del occidente, y estarán a la mesa con Abraham, Isaac y Jacob en el reino de los cielos. Pero los hijos del reino serán arrojados a las tinieblas de afuera, donde habrá llanto y crujir de dientes. Entonces Jesús dijo al centurión: Ve, según tu fe te sea hecho. Y en esa misma hora el criado fue sanado. "

INTRODUCCIÓN

Dado que la fe se considera un proceso conmovedor de crecimiento espiritual, **¿cómo se transmitió a los primeros creyentes de la cristiandad?**

Sigamos el caso de Jesucristo mismo con sus discípulos, inspirándonos en lo que el apóstol Santiago tiene que decir sobre este proceso evolutivo de conocer a Dios. " *Crees que hay un solo Dios, lo haces bien; los demonios también lo creen y tiemblan.* " *Santiago 2:19*

Nuestro modelo: Jesucristo, El consumidor de la fe cristiana

Dado que el conocimiento de Dios es esencial para el crecimiento espiritual, ¿cómo comienza ya con respecto al conocimiento del Hijo de Dios? Jesús es designado como el Consumidor de la fe, siendo también el Camino que conduce al Padre para llevar a la conclusión de todo conocimiento indispensable para la fe, ya que " *La vida eterna consiste en conocerte, el único Dios verdadero, y a quien has enviado a Jesús. ¡ Cristo!* "

1. ¿QUE PREGUNTA LES PRESENTA JESUS A SUS DISCIPULOS PARA EL CAMINO DE LA FE? Lucas 9: 18-22

" Un día, cuando Jesús estaba orando por separado, con sus discípulos con él, les hizo esta pregunta: (...)

2. ¿Quién dicen que soy? Lucas 9: 18-22

" Ellos respondieron: Juan el Bautista; los otros, Elijah; los otros, que uno de los antiguos profetas ha resucitado. Y ustedes, les preguntó, ¿quién dicen que soy? Pedro respondió: El Cristo de Dios. Jesús les aconsejó severamente que no se lo contaran a nadie. Añadió que el Hijo del Hombre debía sufrir mucho, ser rechazado por los ancianos, los principales sacerdotes y los escribas, morir y resucitar al tercer día.. "

Arrepentimiento, JUSTICIA, MISERICORDIA y FE CONOCIMIENTO EXACTO DE JESUCRISTO Y DIOS: ALGUNAS CLAVES PARA EL NUEVO NACIMIENTO.

3. ¿Y no hará Dios justicia a sus elegidos, que claman a él día y noche, y se demorará en su respeto? *Lucas 18: 1-8*

" Jesús les dirigió una parábola para mostrarles que siempre deben orar y nunca descuidar. Dijo: Había un juez en una ciudad que no temía a Dios y no consideraba a nadie. También había una viuda en ese pueblo que vino a decirle: Hazme justicia por mi partido contrario. Durante mucho tiempo se negó. Pero luego se dijo a sí mismo: Aunque no temo a Dios, ni miro a nadie, sin embargo, porque esta viuda me está molestando, le haré justicia, para que no venga sin dejar de romperme la cabeza. El Señor agregó: Escuchen lo que dice el juez inicuo. ¿Y no hará

Dios justicia a sus elegidos, que claman a él día y noche, y se demorará con ellos? Les digo que pronto les hará justicia.

4. Pero cuando venga el Hijo del Hombre, ¿encontrará fe en la tierra? "

Nota: Ya que Jesús declara en *Lucas 18: 8* *" Les digo que pronto les hará justicia... "*, podemos deducir de esto que la fe existirá bella y bien en los corazones de los cristianos el día del regreso de Jesús. Sin embargo, depende de usted responderles personalmente, porque la Biblia declara que nadie quitará aceite de lámpara de su hermano cuando aparezca el dueño de la casa.

Bien notado: ¡ Instrucciones que no deben pasarse por alto!

5. Si te hicieran la misma pregunta: ¿tienes FE? Cual seria tu respuesta?

Nota: A esta inquietante pregunta, analicemos las responsabilidades que requiere una Fe constante en el esfuerzo e imbuida de la vigilancia cristiana, para así merecer dar una respuesta madura. **En primer lugar: ¿ esta "fe" transmitida por nuestros gigantes de Dios no está salpicada de puras dudas para ser calificada de auténtica? Segundo: ¿No estamos finalmente invitados a iniciarlo, a crearlo, además a innovarlo como los que nos precedieron? Pero, ¿cuál es la `` fe " de los ex rehenes del pecado recientemente liberados?**

Nota: Si no es variable, ¡no es simplemente cristiano! Debido a que el que posee la fe es ante todo un artista del amor: porque " *Nosotros vamos a hacer un montón de los que han dado mucho, y vamos a exigir más de aquellos a los que hemos confiado mucho..* " Pero es que entonces aquí está descubriendo su identidad dentro de la familia de los redimidos como calificador para creer y se atreven: **¿Es este poder del don de Dios que por lo tanto conduce a la fe?**

Nota: Sin embargo, la paradoja del cristiano es que no demasiado a menudo saber lo que " *tiene a priori* ", con el fin de saber que él es "*un posteriori* "! ¡Pero tome esta otra preocupación de aquellos que dudan a pesar de la profusión de conocimientos! Actuando sin mandato, y quienes finalmente esperan sin profundas convicciones divinas... ¡Por una vida cristiana llena de incertidumbres, con el resultado de una existencia mixta al final!

6. ¿De dónde más pueden provenir las dificultades de una vida cristiana insatisfecha? *Lucas 12:34 - 48*

" Porque donde está tu tesoro, allí también estará tu corazón. Cíñase sus lomos y encienda sus lámparas. Y tú, sé como los hombres que esperan que su amo regrese de la fiesta de bodas, para abrirle la puerta en cuanto llegue y

llame. ¡Bienaventurados los siervos a quienes el amo, cuando venga, encontrará velando! De cierto os digo que se ceñirá, hará que se sienten y se acercará para servirles. Ya sea que llegue en la segunda o tercera vigilia, ¡felices estos sirvientes, si los encuentra mirando! Sabedlo bien, si el dueño de la casa supiera a qué hora va a llegar el ladrón, vigilaría y no dejaría que su casa se abriera paso. Tú también, prepárate, porque el Hijo del Hombre vendrá a la hora en que no lo pensarás. Pedro le dijo: Señor, ¿nos estás hablando esta parábola a nosotros oa todos? Y el Señor dijo: ¿Quién, pues, es el mayordomo fiel y prudente que el señor nombrará sobre su pueblo para que les dé de comer a su tiempo? Bienaventurado el siervo a quien su amo encuentre haciéndolo cuando él venga. Les digo la verdad, lo pondrá a cargo de todas sus posesiones. Pero si este siervo se dijera a sí mismo: Mi señor tarda en venir; Si comienza a golpear a los sirvientes y a las sirvientas, a comer, beber y emborracharse, el señor de este sirviente vendrá el día que no lo espera y a la hora que no sabe, lo despedazará. pedazos, y darle su parte con los infieles. Un siervo que, conociendo la voluntad de su amo, no preparó nada y no actuó según su voluntad, será golpeado con muchos azotes. Pero el que, sin haberla conocido, haya hecho cosas dignas de castigo, será golpeado con pocos golpes. **Se pedirá mucho a los que han dado mucho, y se pedirá más a aquellos a quienes se les ha confiado mucho.** "

NOTA: A este paso esencial contenido en este texto leído anteriormente, observemos un ejemplo, tan cercano como original: el de un extraño, la fe del centurión romano.

Esta "fe" es asombrosa en más de un sentido. Primero, porque plantea una solicitud que se ha expresado de manera diferente hasta entonces. ¡Ella no viene a buscar ayuda para un miembro de la familia inmediata del interlocutor de Jesús! De hecho, desde el principio, a Jesús solo se le había pedido ayuda de un interés estrictamente familiar y, por tanto, sobre todo de Judea.... Sin embargo, esta vez, " *Porque yo, que estoy sujeto a superiores, tengo soldados bajo mi control. pedidos; y le digo a uno: ¡Vete! Y se va; al otro: ¡Vamos! Y viene; ya mi sirviente: ¡Haz esto! ¡Y lo hace! "*

Aunque iluminado sobre el principio de la fe, El Centurión Romano, este hombre perteneciente a la nación enemiga de Dios, no mostrará matemáticamente la aplicación de este principio de la Fe, como un derecho absoluto, como un adquirido por el simple hizo lógico su conocimiento, pero con un enfoque de Jesús recién introducido. ¡Veamos su enfoque tan especial como sus asombrosos orígenes romanos! ¡Especialmente porque ya sabemos que Jesús vino exclusivamente para la nación judía! *" Señor, no soy digno de que entres bajo mi techo; pero di una sola palabra y mi criado sanará. »* (***Conferir la Lección N ° 1 para más detalles:*** **El Bautismo de Jesucristo, La Unción del Lugar Santísimo**).

7. ¿Cuánta "fe" hay en las Sagradas Escrituras? *Efesios 4: 4-6*

" Hay un solo cuerpo y un solo Espíritu, así como tú también has sido llamado a una sola esperanza

por tu vocación; hay un Señor, ***una fe,*** *un bautismo, un Dios y Padre de todos, que es sobre todos, y entre todos, y en todos "*

Nota: Fe cristiana es una palabra que siempre se usa en singular, por eso " *solo hay una fe* ".

8. Pero, ¿qué es la fe? *Hebreos 11: 1-3*

" Ahora bien, la fe es una certeza firme de las cosas que esperamos, una demostración de las que no vemos. Por haberlo poseído, los ancianos obtuvieron testimonio favorable.

MANIFESTACIÓN DE LA FE CRISTIANA

9. ¿Cuál es la mayor manifestación de fe en el universo?
Hebreos 11, 12: 1 - 40, 12: 1 - 8 " Es por la fe que sabemos que el mundo fue formado por la palabra de Dios, de modo que lo que vemos no fue hecho. De cosas visibles ".

10. El acceso al don de la fe es una búsqueda humilde. Cual es la ruta? *Mateo 15: 24-28 " Señor, no soy digno de que entres bajo mi techo "*

11. En otra ocasión, Jesús protestó por una solicitud similar. Pero, ¿por qué es eso?
" Él respondió: " No soy enviado sino a las ovejas perdidas de la casa de Israel. Pero ella se acercó y se inclinó ante él, diciendo: ¡Señor, ayúdame! Él respondió: No es bueno tomar el pan de los niños y arrojarlo a los perritos. Sí, Señor, dijo ella, pero los perritos comen las migajas que caen de la mesa

de sus amos. Entonces Jesús le dijo: Mujer, grande es tu fe; deja que se haga como quieras. Y ahora mismo su hija fue sanada. "

12. ¿Por qué el oficial romano se considera indigno de recibir a Jesús?

Mateo 15: 24-28 " *Pero di una sola palabra, y mi siervo sanará.* "

NOTA: " *Solo di una palabra* ". Este soldado de origen pagano, quien también es un supuesto enemigo de la nación de Israel, tiene el conocimiento necesario para la salvación en Cristo. Le recuerda esto como el primer pilar de la fe en Dios, es decir, la Palabra. " *Si usted cree en su corazón, y si confiesas con tu boca, serás salvo!* " "

13. Al citar su ejemplo, ¿justifica el oficial romano la sumisión de Jesús a su vez a una autoridad superior? Si es así, ¿cuál?

Mateo 15: 24-28 " *Porque yo, que estoy sujeto a superiores, tengo soldados bajo mi mando; y le digo a uno: ¡Vete! Y se va; al otro: ¡Vamos! Y viene; ya mi sirviente: ¡Haz esto! Y lo hace. "*

NOTA: 1 Corintios 15: 20-28 *" Y así como en Adán todos mueren, así también en Cristo todos serán vivificados, pero cada uno en su propio orden. Cristo como las primicias, luego los que pertenecen a Cristo en su venida. Entonces el fin vendrá cuando entregue el reino a Dios y Padre, después de haber destruido todo dominio, autoridad y poder, porque es necesario que reine hasta que haya puesto a todos los enemigos debajo de sus pies. El último enemigo que será destruido es la muerte. Dios, de hecho, lo ha puesto todo bajo sus pies. Pero cuando dice que todo le ha sido sometido, es evidente que el que le sometió todas las cosas está exceptuado. Y cuando todas las cosas le han sido sometidas, entonces el El mismo se sujetará al que le sometió todas las cosas, para que Dios sea todo en todos ".*

14. Según el pasaje de Mateo 15: 24-28, **¿cómo serían los súbditos de Jesús como los del Centurión?** Apocalipsis 1: 1

" *Revelación de Jesucristo, que Dios le dio para mostrar a sus siervos lo que sucederá pronto, y que dio a conocer, enviando su ángel, a su siervo Juan* "

15. ¿Qué esperaba el oficial romano a que Jesús tuviera acceso a una solicitud de ayuda? Mateo 15: 24-28

" *Solo di una palabra* ". Por la sencilla razón obvia de que " *En el principio era el Verbo, y el Verbo estaba con Dios, y el Verbo era Dios". Ella estaba al principio con Dios. Todas las cosas fueron hechas por ella, y nada de lo que se hizo se hizo sin ella. En ella estaba la vida, y la vida era la luz de los hombres.* " Juan 1: 1 - 4

16. ¿Cómo evalúa Jesús la fe de este oficial romano?

Mateo 15: 24-28 " *Al oírlo, Jesús se asombró* " Hechos 18: 24-28 " *Un judío llamado Apolos, originario de Alejandría, hombre elocuente y versado en las Escrituras, llegó a Éfeso. Se le instruyó en el camino del Señor, y ferviente en espíritu, proclamó y enseñó con precisión acerca de Jesús, aunque solo conocía el bautismo de Juan. Comenzó a hablar libremente en la sinagoga. Aquila y Priscila, habiéndolo oído, lo llevaron consigo y le explicó más exactamente el camino de Dios. Como quería ir a Acaya, los hermanos lo animaron a llegar allí, y escribieron a los discípulos para darle la bienvenida. Cuando se hizo, por la gracia de Dios, muy útil a los que había creído; porque refutó fuertemente a los judíos en público, demostrando por las Escrituras que Jesús es el Cristo ".*

17. ¿A qué otro ejemplo nos remite este episodio? *Mateo 15: 24-28*

" Él respondió: " No soy enviado sino a las ovejas perdidas de la casa de Israel. Pero ella se acercó y se inclinó ante él, diciendo: ¡Señor, ayúdame! Él respondió: No es bueno tomar el pan de los niños y arrojárselo a los perritos. Sí, Señor, dijo ella, pero los perritos comen las migajas que caen de la mesa de sus amos. Entonces Jesús le dijo: Mujer, grande es tu fe; deja que se haga como quieras. Y ahora mismo su hija fue sanada. "

DOS PERSONAS EXTRANJERA S A LA NACIÓN DE ISRAEL: ¡RESULTADO DE LA MISMA FE!

18. ¿Cómo se habían soldado romano y el siro mujer -Phoenician sido alentado por Jesús, siguiendo sus respectivas misiones?

" Y dijo a los que le seguían: De cierto os digo que ni siquiera en Israel he hallado una fe tan grande. "

19. Y para eliminar cualquier ambigüedad sobre su misión a favor del resto del mundo, ¿qué dice Jesús al respecto?

" Ahora les digo que vendrán muchos del oriente y del occidente, y estarán a la mesa con Abraham, Isaac y Jacob en el reino de los cielos. "

20. Por otro lado, ¿qué ultimátum da Jesús a los judíos?

" Pero los hijos del reino serán arrojados a las tinieblas de afuera, donde será el llanto y el crujir de dientes. "

21. ¿Pero fue esta fe asombrosa a favor de los enfermos la expresión perfecta de fe que conduce a la salvación eterna?

" Entonces Jesús dijo al centurión: Ve, según tu fe te sea hecho. Y en esa misma hora el criado fue sanado. "

22. ¿Puede sorprenderse Jesús? El que sabía todo sobre el hombre. *" Al oír esto, Jesús se asombró y dijo a los que le seguían: De cierto os digo que ni siquiera en Israel he hallado una fe tan grande.*

Nota: Dios es Espíritu y solo puede hablar con Espíritu. En el principio, Dios creó los cielos y la tierra en nuestro libro de *Génesis 1: 1*

Nota: Después de varias creaciones, Dios dijo: *" Hagamos al hombre a nuestra* *imagen, a nuestra semejanza, y que gobierne sobre los peces del mar, sobre las aves del cielo, sobre el ganado, sobre toda la tierra y en todos los reptiles que se arrastran sobre la tierra.* " y creó Dios al hombre a su imagen, lo creó a imagen de Dios le creó al hombre y la mujer. Entendamos bien que los términos " *a imagen de Dios* ", para la Biblia, significarían que el Hombre posee dentro de sí el Espíritu de Dios que le conferiría una naturaleza inteligente y libre de elección. Sin embargo, este estado de consagración especial del que disfrutaban Adán y Eva, se desvaneció cuando ocurrió un incidente en el Jardín del Edén, los primeros especímenes de la humanidad, pecaron contra Dios al obedecer la voz de Satanás que entró en acción en su vida, y se vieron obligados para volver a la materia de la que habían sido extraídos: la tierra. Así que nuestros dos familiares rompieron su relación con Dios, porque el Señor había ordenado a ellos en Génesis 2: 16 " *Usted puede comer de todos los árboles del jardín; pero del árbol del conocimiento del bien y del mal no comerás, porque el día que de él comieres, morirás. "*

23. ¿Pero cuál fue la muerte? ¿Biológico o espiritual?

1 Corintios 15: 48-57 *" Como el terrenal, tales también los terrenales; y como es el celestial, tales también son los celestiales. Y así como llevamos la imagen del terrenal, también llevaremos la imagen del celestial. Lo que estoy diciendo, hermanos, es que la carne y la sangre no pueden heredar el reino de Dios, y la corrupción no hereda la incorruptibilidad. He aquí, os digo un misterio: no todos moriremos, pero todos seremos transformados, en un instante, en un abrir y cerrar de ojos, a la última trompeta. Sonará la trompeta, y los muertos resucitarán incorruptibles, y seremos transformados. Porque este corruptible debe vestirse de incorruptibilidad, y este mortal debe vestirse de inmortalidad. Cuando este corruptible se haya revestido de incorruptibilidad, y este mortal se haya revestido de inmortalidad, entonces se cumplirá la palabra que está escrita: La muerte es devorada por la victoria. "*

24. Oh muerte, ¿dónde está tu victoria? Oh muerte, ¿dónde está tu aguijón? " *El aguijón de la muerte es el pecado; y el poder del pecado es la ley. Pero gracias a Dios, que nos da la victoria por medio de nuestro Señor Jesucristo.* "

25. ¿Ha comido el hombre el fruto? Si o no? Génesis 3: 9-12

" *Pero el Señor Dios llamó al hombre y le dijo: ¿Dónde estás? Él respondió: Oí tu voz en el jardín y tuve miedo, porque estaba desnudo y me escondí. Y el Señor Dios dijo: ¿Quién te ha dicho que estás desnudo? ¿Has comido del árbol que te prohibí comer? El hombre respondió: La mujer que me pusiste conmigo me dio un árbol, y lo comí.* "

NOTA: ¡Ya que el hombre después de comer el árbol prohibido no murió ese día! Incluso vivió 950 años después de su crimen, podemos concluir que la muerte de la que estaría sujeto obviamente no era esta muerte física a la que todos los hombres comparten después del pecado de Adán, ¡sino la muerte espiritual! Es por eso…

26. Adán después de haber comido el fruto prohibido, ¿por qué no murió inmediatamente ese mismo día? Génesis 3: 17-19

" Él le dijo al hombre, Puesto que usted ha escuchado la voz de tu mujer, y comiste del árbol de que te mandé: No comeréis de él. la tierra será maldita por tu culpa. A fuerza de trabajo sacarás tu alimento de ella todos los días de tu vida; producirá espinas y espinas, y comerás la hierba del campo. Con el sudor de tu rostro comerás el pan, hasta que vuelvas a la tierra, de donde fuiste tomado; porque eres polvo y volverás al polvo. "

NOTA: Pero no es la muerte de la carne, sino la del Espíritu, lo que es una muerte espiritual. Simplemente significa que cuando Adán y Eva comieron del fruto prohibido, sus corazones se corrompieron y el espíritu de Dios que estaba en ellos se fue. Y a partir de ese momento, Adán murió espiritualmente. Ese mismo día cortó la comunicación con Dios. Porque " *Dios es espíritu y sólo habla al espíritu viviente del* *hombre* ". Juan 4:21 - 24 " *Mujer* ", *le dijo Jesús, "créeme, la hora viene cuando no adorarás al Padre ni en este monte ni en Jerusalén. Amas lo que no sabes; adoramos lo que sabemos, porque la salvación viene de los judíos. Pero la hora viene, y ya ha llegado, cuando los verdaderos adoradores adorarán al Padre en espíritu y en verdad; porque estos son los adoradores que el Padre pide. Dios es Espíritu, y quienes lo adoran deben adorarlo en espíritu y en verdad.* "

27. ¿Pero cuáles son las condiciones del nuevo nacimiento espiritual?

NOTA: Cristo dirá a Nicodemo: Juan 3: 5 " *Respondió Jesús: De cierto, de cierto os digo, que el que no nace de agua y del Espíritu, no puede entrar en el reino de Dios.. Lo nace de la carne es carne, y lo que nace del Espíritu es Espíritu. No te extrañes de que te dije: Debes nacer de nuevo. El viento sopla donde quiere y tú oyes su sonido; pero no lo haces. No sé de dónde viene ni adónde va. Así es con todo hombre que es nacido del Espíritu. Nicodemo le dijo: ¿Cómo se puede hacer esto? Jesús le respondió: Tú eres el maestro de Israel, y no ¿Sabes cosas de tesis? En verdad, en verdad te digo, hablamos lo que sabemos, y damos* *testimonio de lo que hemos visto;. y no recibes nuestro testimonio Si no crees Cuando te hablé de las cosas terrenales, ¿cómo creerán cuando les diga acerca de las cosas celestiales? Nadie ha subido al cielo sino el que descendió del cielo, el Hijo del hombre que está en el cielo ".*

28. Entonces, ¿cuál es la consecuencia de la desobediencia de nuestros primeros padres en el Jardín del Edén? 1 Corintios 15: 20-28

" Pero ahora Cristo ha resucitado de entre los muertos, él es las primicias de los que murieron. Porque, puesto que la muerte vino por un hombre, la resurrección de los muertos también vino por un hombre. Y así como todos mueren en Adán, también todos vivirán en Cristo, pero cada uno en su propio rango. Cristo como las primicias, luego los que pertenecen a Cristo en su venida. Entonces vendrá el fin, cuando entregue el reino a Dios y Padre, después de destruir todo dominio, autoridad y poder. Porque es necesario que él reine hasta que haya puesto a todos sus enemigos debajo de sus pies. El último enemigo que será destruido es la muerte. Dios, de

hecho, lo ha puesto todo bajo sus pies. Pero cuando dice que todo le ha sido sometido, es evidente que se exceptúa el que le sometió todo. Y cuando todas las cosas le hayan sido sujetas, entonces el Hijo mismo se sujetará al que le sometió todas las cosas, para que Dios sea todo en todos. "Hebreos 9: 15-17" *Y por eso es mediador de un nuevo pacto, de modo que, habiendo intervenido la muerte para la redención de las transgresiones cometidas bajo el primer pacto, los llamados reciban la herencia eterna que se les prometió.. Porque donde hay testamento, es necesario que se anote la muerte del testador. Un testamento, de hecho, solo es válido en caso de muerte, ya que no tiene fuerza mientras el testador esté vivo.* "

29. Adán ya no lleva el espíritu de Dios en él, los hijos nacidos después de su pecado, ¿de quién tendrán semejanza? 1 Corintios 1 15: 42 - 47 " *Así sucede con la resurrección de los muertos. El cuerpo se siembra corruptible; resucita incorruptible; se siembra despreciable, se resucita glorioso; se siembra lisiado, resucita lleno de fuerza; se siembra cuerpo animal, resucita cuerpo* *espiritual. Si hay un cuerpo animal, también hay un cuerpo espiritual. Por eso está escrito: El primer hombre, Adán, se convirtió en alma viviente. El último Adán se convirtió en un espíritu vivificante. Pero lo espiritual no es lo primero, es lo animal; lo espiritual viene después. El primer hombre, tomado de la tierra, es terrenal; el segundo hombre es del cielo.* "

NOTA: Desafortunadamente, Adán, este primer antepasado humano de la humanidad que Dios creó, justo después de su crimen cometido luego de la ruptura de la prohibición de Dios sobre el consumo de la fruta prohibida en el Jardín del Edén, comenzó a dar a luz a niños que también llevaban consigo el semillas espirituales de esta desobediencia: la muerte. Esto también significaría que los hijos de esta primera pareja caída también heredaron la semilla de la muerte espiritual y ya no podrían calificar para la promesa de Dios, es decir, la vida eterna, sin antes pasar por la redención de la sangre esencial de Dios. la gracia de Jesucristo. Debido a la herencia de la decadencia que el pecado habrán introducido nuestros antepasados Adán y Eva, los Hombres no serán arrojados al lago de fuego solo por haber cometido pecados, sino sobre todo por haber recibido, la naturaleza adánica de la desobediencia desde el nacimiento. Provocando repentinamente a todo este género humano, el dolor de muerte resultante del fruto del conocimiento del bien y del mal original. *Génesis 3: 3*

30. Pero, ¿Adán y su familia experimentaron inmediatamente la muerte por la profanación de la ley divina? *Génesis 2: 16-17*

" El Señor Dios mandó al hombre: Puedes comer de todos los árboles del huerto; pero del árbol del conocimiento del bien y del mal no comerás, porque el día que de él comieres, morirás. "

NOTA: ¡ No!

31. La razón por la que Adán no murió el día que comió del fruto

prohibido como Dios le advirtió 2 Pedro 3: 8-10

" Pero hay una cosa, amados, que no deben ignorar, es que ante el Señor un día es como mil años, y mil años son como un día. "

32. Si un "día es igual a 1000 años" hasta qué edad vivió Adán, entonces?

Génesis 5: 5 *" Todos los días que vivió Adán fueron* ***novecientos treinta años;*** *luego murió. "*

33. Pero, ¿por qué Adán no conoció inmediatamente la muerte ese mismo día?

2 Pedro 3: 8-10 *" El Señor no tarda en cumplir la promesa, como algunos creen; pero él es paciente con ustedes, no queriendo que nadie perezca, sino queriendo que todos lleguen al arrepentimiento. El día del Señor vendrá como ladrón; en ese día los cielos pasarán con estrépito,*

los elementos ardientes se disolverán y la tierra y las obras que contiene serán consumidas. "

34. Entonces, ¿qué nos preocupa? Hechos 17: 26-28

" Él hizo a todos los hombres, nacidos de una sangre, para habitar sobre toda la faz de la tierra, habiendo determinado la cantidad de tiempo y los límites de su vivienda; quería que buscaran al Señor y se esforzaran por encontrarlo a tientas, aunque él no está lejos de cada uno de nosotros, porque en él tenemos vida, movimiento y ser. Esto es lo que también han dicho algunos de tus poetas: De él somos la raza... "

NOTA: Esto se debe a que todos nacemos de una sangre, lo que significaría que somos la generación de un Adán muerto, y sin la `` salvación " en Jesucristo, siempre seremos también muertos espirituales, la consecuencia de lo que resultaría en muerte biológica. Por haber nacido después de que Adán murió espiritualmente, llevamos la muestra de un Adán muerto. Todo hombre nacido en la tierra lleva dentro las semillas de la muerte espiritual. Por lo tanto, no es la práctica del pecado en la vida de los hombres lo que los convierte en pecadores, sino que es esta naturaleza heredada de Adán la que es su causa absoluta. Conclusión ¡Los hombres no son condenados por haber pecado! Sino por no haber aceptado a Cristo como Hijo de Dios y Salvador. Deje = s de lectura Romanos 5:12 " *Por tanto, como a través de un hombre el pecado entró en el mundo, y la muerte por medio del pecado, así la muerte pasó a todos los hombres, por cuanto todos pecado...* "

35. ¿Cómo calificó Jesús a los que solo tienen vida biológica adámica? Lucas 9:60

" *Pero Jesús le dijo: Deja que los muertos entierren a sus muertos; y tú, ve y proclama el reino de Dios.* "

NOTA: Pero por la gracia del Altísimo, no solo hemos recibido una vida natural que es un púlpito que Jesús llamó a los que la tienen como personas " *muertas* ". Lucas 9:60 " *Pero Jesús le dijo: Deja que los muertos entierren a los* *suyos.. Muerto; y tú, ve y proclama el reino de Dios. "* Jesús también habla de un nuevo nacimiento espiritual a uno de sus discípulos que vino por el Dr. Israel a reunirse discretamente para negociar su eternidad. Este hombre se llamaba Nicodemo.

36. Entonces, ¿cómo es posible que una muerte espiritual trabaje para Dios?

Los siervos de Dios no deben nacer de sangre " *ni de la voluntad del púlpito y mucho menos de la del hombre* ". *Juan 1: 12-13.* Ejemplo típico, el nacimiento de Ismael por Agar.

CONCEPCIONES FALSAS DEL NUEVO NACIMIENTO

37. ¿Es el celo por evangelizar prueba suficiente de haber adquirido un nacimiento espiritual? *Hechos 18: 24-28*

Un judío llamado Apolos

" Un judío llamado Apolos, natural de Alejandría, un hombre elocuente versado en las Escrituras, vino a Éfeso. Fue instruido en el camino del Señor y, ferviente en espíritu, proclamó y enseñó con precisión acerca de Jesús, aunque solo conocía el bautismo de Juan. Comenzó a hablar libremente en la sinagoga. Aquila y Priscila, habiéndolo oído, lo llevaron consigo y le explicaron más exactamente el camino de Dios. Como quería ir a Acaya, los hermanos lo animaron allí y escribieron a los discípulos para darle la bienvenida. Cuando llegó, se hizo a sí mismo, por la gracia de Dios, muy útil para los que habían creído; Porque refutó fuertemente a los judíos en público, demostrando por las Escrituras que Jesús es el Cristo. "

38. ¿Se comprueba que todo bautismo da vida espiritual? *1 Corintios 15:29*

" De lo contrario, ¿qué harían los que se bautizan por los muertos? Si los muertos no resucitan en absoluto, ¿por qué se bautizan por ellos? "Hechos 19: 2 - 5" ¿Recibiste el Espíritu Santo cuando creíste? Ellos le respondieron: Ni siquiera hemos oído que haya un Espíritu Santo. Él dice:...

39. ¿Cuál fue tu bautismo entonces? *Y ellos respondieron: Del bautismo de Juan. Entonces Pablo dijo: Juan bautizó con el bautismo de arrepentimiento, diciendo a la gente que creyera en el que vino después de él, es decir, en Jesús. Con estas palabras, fueron bautizados en el nombre del Señor Jesús. "*

40. ¿El celo en la oración confirma el nacimiento espiritual?

Cornelio el centurión romano

Hechos 10: 1 - 48 " *Había un hombre en Cesarea llamado Cornelio, un centurión de la llamada cohorte italiana.* **10.2** *Este hombre era piadoso y temía a Dios con toda su casa; dio muchas limosnas al pueblo y oraba a Dios continuamente.* **10.3** *Aproximadamente a la hora novena del día, vio claramente en una visión a un ángel de Dios que se le acercaba y le decía: ¡Cornelio!* "

41. ¿La caridad hacia los demás asegura el nuevo nacimiento?

Cornelio el Centurión Romano Hechos 10: 1 - 48 " *Con la mirada fija en él y aterrorizado, respondió: ¿Qué es esto, Señor? Y el ángel le dijo: Tus oraciones y tu limosna subieron delante de Dios, y él se acordó. Ahora envía hombres a Jope y llama a Simón, cuyo apellido es Pedro; se queda con un tal Simón, un curtidor, cuya casa está cerca del mar. Tan pronto como el ángel que le había hablado se marchó, Cornelio llamó a dos de sus sirvientes y a un soldado piadoso de entre los que estaban unidos a él. él mismo; y después de contarles todo, los envió a Jope. Al día siguiente,* *cuando estaban en camino y acercándose a la ciudad, Pedro subió a la azotea, alrededor de la hora sexta, para orar. Tenía hambre y quería comer. Mientras le preparaban la comida, cayó en éxtasis. Vio el cielo abierto, y un objeto como un gran mantel atado en las cuatro esquinas, bajando y bajando hacia la tierra, y donde estaban todos los cuadrúpedos y los reptiles de la tierra y las aves del cielo. Y una voz le dijo: Pedro, levántate, mata y come. Pero Pedro dijo: No, Señor, porque nunca he comido nada inmundo o inmundo. Y por segunda vez se le volvió a oír la voz: Lo que Dios ha declarado puro, no lo consideres contaminado. Esto sucedió hasta tres veces; e inmediatamente después, el objeto fue retirado al cielo. Mientras Pedro no sabía en sí mismo qué pensar del significado de la visión que había tenido, he aquí, los hombres enviados por Cornelio, habiendo preguntado acerca de la casa de Simón, se presentaron a la puerta y preguntaron en voz alta si era eso. donde se alojaba Simón, apodado Pedro. Y mientras Pedro reflexionaba sobre la visión, el Espíritu le dijo: He aquí, tres hombres te preguntan; levántate, baja y ve con ellos sin dudarlo, porque soy yo quien los envió. Pedro, pues, descendió y dijo a estos hombres: He aquí, yo soy el que buscáis; cual es el motivo que te trae Ellos respondieron: Cornelio, centurión, un hombre justo y temeroso de Dios, y de quien toda la nación de los judíos da buen testimonio, ha sido advertido divinamente por un ángel santo para que te lleve a su casa y escuche tus palabras. Entonces, Pedro los hizo entrar y los alojó. Al día siguiente se levantó y fue con ellos. Algunos de los hermanos de Jope lo acompañaron. Llegaron a Cesarea al día siguiente. Corneille los estaba esperando y había invitado a sus padres y amigos cercanos. Cuando entró Pedro, Cornelio, que había ido a su encuentro, se postró a sus pies y se inclinó. Pero Pedro lo levantó, diciendo: Levántate; Yo también soy un hombre. Y conversando con él, entró y encontró a mucha gente reunida. Saben, les dijo, que está prohibido que un judío se ligue con un extraño o entre en su casa; pero Dios me enseñó a no considerar a ningún hombre inmundo ni inmundo. Por eso no tuve inconveniente en venir, ya que me llamaste; Por tanto, le pregunto por qué motivo envió a buscarme. Cornelius dijo: Hace cuatro días a esta hora estaba orando en mi casa a la hora novena; y he aquí un hombre vestido con una prenda resplandeciente se paró ante mí y dijo:*

Cornelio, tu oración ha sido escuchada, y Dios se ha acordado de tus limosnas. Envía, pues, a Jope, y llama a Simón, cuyo sobrenombre es Pedro; está alojado en casa de Simón, curtidor, cerca del mar. Inmediatamente te envié, e hiciste bien en venir. Ahora, pues, todos estamos ante Dios para oír todo lo que el Señor te ha mandado que nos digas. Entonces Pedro abrió la boca y dijo: De cierto, sé que Dios no respeta a las personas, pero el que le teme y hace justicia, le agrada en todas las naciones. Envió la palabra a los hijos de Israel, proclamándoles la paz por medio de Jesucristo, el Señor de todos. Ustedes saben lo que sucedió en toda Judea, después de haber comenzado en Galilea, después del bautismo que predicó Juan; sabéis cómo Dios ungió con el Espíritu Santo y con fuerza a Jesús de Nazaret, quien iba de un lugar a otro haciendo el bien y sanando a todos los que estaban bajo el imperio del diablo, porque Dios estaba con él. Somos testigos de todo lo que hizo en la tierra de los judíos y en Jerusalén. Lo mataron colgándolo de un madero. Dios lo resucitó al tercer día y permitió que se presentara, no a todo el pueblo, sino a los testigos elegidos de antemano por Dios, a nosotros que comimos y bebimos con él después de su resurrección. fallecidos. Y Jesús nos mandó a predicar a la gente y a testificar que él fue designado por Dios para juzgar a vivos y muertos. Todos los profetas dan testimonio de él que todo el que cree en él recibe el perdón de los pecados por su nombre. Mientras Pedro aún hablaba estas palabras, el Espíritu Santo descendió sobre todos los que oían la palabra. Todos los fieles circuncidados que habían venido con Pedro estaban asombrados de que el don del Espíritu Santo también fuera derramado sobre los paganos. Porque les oyeron hablar en lenguas y glorificar a Dios. Entonces Pedro dijo: ¿Podemos rechazar el agua del bautismo a aquellos que han recibido el Espíritu Santo tan bien como nosotros? Y mandó que fueran bautizados en el nombre del Señor. A lo que le rogaron que se quedara unos días con ellos. "

42. ¿Es un nacimiento anunciado proféticamente la señal de un nacimiento espiritual? Samuel el Profeta Joven *1 Samuel 1: 27-28*

" Fue por este niño que oré, y el Señor respondió mi oración. Por eso quiero prestárselo al Señor: será lento para el Señor toda su vida. Y allí adoraron ante el Señor. " 1 Samuel 3: 3 - 8 " *La lámpara de Dios aún no se había apagado, y Samuel estaba acostado en el templo del Señor, donde estaba el arca de Dios. Entonces el Señor llamó a Samuel. Él respondió: ¡Aquí estoy! Y corrió hacia Elí y dijo: Aquí estoy; porque me llamaste. Elí respondió: No llamé; regresa a la cama. Y se fue a la cama. El Señor volvió a llamar a Samuel. Y Samuel se levantó, fue a Elí y dijo: Aquí estoy; porque me llamaste. Eli respondió, no llamé, hijo mío, vuelve a la cama.* **Samuel aún no conocía al Señor, y la palabra del Señor aún no le había sido revelada.** *El Señor volvió a llamar a Samuel por tercera vez. Y Samuel se levantó, fue a Elí y dijo: Aquí estoy; porque me llamaste. Elí entendió que fue el Señor quien llamó al niño "*

¿QUÉ ES EL PROCESO DE LA GIFTING DE LA FE EN JESÚS CRISTO Y EL NUEVO NACIMIENTO?

43. ¿Cómo se transmite la fe? " *Las cosas por las que serás salvo Pedro* "
Fe y nuevo nacimiento: semejanza / divergencia. " ¿Crees que hay un solo Dios, los demonios también... "

Los dos discípulos de Emaús

Lucas 24: 13-32

" *Y he aquí, ese mismo día dos discípulos iban a una aldea llamada Emaús, que estaba a sesenta estadios de Jerusalén; y hablaron de todo lo que había pasado. Mientras hablaban y discutían, Jesús se acercó y caminó con ellos. Pero sus ojos no pudieron reconocerlo. Él les dijo: `` ¿De qué están hablando mientras caminan, para que estén muy tristes? Uno de ellos, llamado Cleofás, le respondió: ¿Eres tú el único que, que está en Jerusalén, no sabe lo que ha sucedido allí estos días? - ¿Qué? El les dijo. -Y ellos le* *respondieron: ¿Qué le ha sucedido a Jesús de Nazaret, que fue un profeta poderoso en hechos y palabras ante Dios y ante todo el pueblo, y cómo los principales sacerdotes y nuestros gobernantes lo entregaron para que lo condenara a muerte? y lo crucificaron. Esperábamos que fuera él quien librara a Israel; pero con todo eso, este es el tercer día que han sucedido estas cosas. Es cierto que algunas de las mujeres entre nosotros nos han asombrado mucho; Habiendo ido al sepulcro por la mañana temprano y no habiendo encontrado su cuerpo, vinieron a decir que se les aparecieron ángeles y les anunciaron que estaba vivo. Algunos de los que estaban con nosotros fueron al sepulcro y lo encontraron tal como dijeron las mujeres; pero él, ellos no lo vieron. Entonces Jesús les dijo: ¡Oh gente insensata, cuyo corazón es lento para creer todo lo que los profetas han dicho! ¿No era necesario que Cristo padeciera estas cosas y entrara en su gloria? Y, comenzando por Moisés y todos los profetas, les explicó en todas las Escrituras lo que le preocupaba. Cuando estuvieron cerca del pueblo al que se dirigían, pareció querer ir más lejos. Pero ellos le urgieron, diciendo: Quédate con nosotros, porque se acerca la tarde, se acaba el día. Y entró para quedarse con ellos. Mientras estaba a la mesa con ellos, tomó el pan; y después de dar gracias, lo partió y se lo dio. Entonces se les abrieron los ojos y lo reconocieron; pero desapareció de delante de ellos. Y se dijeron el uno al otro: ¿No ardía nuestro corazón dentro de nosotros cuando nos habló en el camino y nos explicó las Escrituras?* "

El día de Pentecostés

Hechos 2: 14-27

" *Entonces Pedro, acercándose con los once, alzó la voz y les habló con estas palabras: ¡Hombres judíos, y todos ustedes que moran en Jerusalén, sepan esto y escuchen mis palabras! Estas personas no están borrachas, como supones, porque es la tercera hora del día. Pero esto es lo que dijo el profeta Joel: En los últimos días, dice Dios, derramaré de mi Espíritu sobre toda carne; Tus hijos e hijas profetizarán, tus jóvenes tendrán visiones, y tus ancianos tendrán sueños. Sí, sobre mis siervos y mis siervas en aquellos días derramaré de mi Espíritu; y profetizarán. Haré señales arriba en el cielo, y señales abajo en la tierra: Sangre, fuego y vapor de humo; El sol se convertirá en tinieblas, y la luna en sangre, antes que venga el día del Señor, ese día grande y glorioso. Entonces todo el que invoque el nombre del Señor será salvo. ¡Hombres de Israel, escuchen estas palabras! Jesús de Nazaret, ese hombre de quien Dios dio testimonio ante ustedes por los milagros, maravillas y señales que hizo por medio de él en medio de ustedes, como ustedes mismos saben; a este hombre, entregado según el plan determinado y según la presciencia de Dios, lo crucificaste, lo mataste por mano de los impíos. Dios lo resucitó de entre los muertos, librándolo de los lazos de la muerte, porque no era posible que estuviera retenido por ella. Porque David dijo de él: Veía al Señor constantemente delante de mí, porque está a mi diestra, para que no sea conmovido. También mi corazón está con gozo, y mi lengua con gozo; Y hasta mi carne reposará con esperanza, porque no abandonarás mi alma en el infierno, ni permitirás que tu santo vea corrupción. Usted ha hecho conocer los caminos de la vida, usted me va a llenar de alegría con tu presencia. Varones hermanos, permítanme decirles libremente sobre el patriarca David que está muerto, que ha sido sepultado y que su sepulcro todavía existe hoy entre nosotros. Como era profeta, y sabía que Dios le había prometido bajo juramento hacer sentar a uno de sus descendientes en su trono, es la resurrección de Cristo lo que previó y anunció, diciendo que no sería desamparado en el infierno. y su carne no vería corrupción. Es este Jesús a quien Dios resucitó de entre los muertos; todos lo presenciamos. Levantado por la diestra de Dios, recibió del Padre el Espíritu Santo que le había sido prometido, y lo derramó, como ustedes ven y oyen. Porque David no subió a los cielos, pero él mismo ha dicho, el Señor dijo a mi Señor: Siéntate á mi diestra, hasta que ponga a tus enemigos estrado de tus pies. Por tanto, que toda la casa de Israel sepa con certeza que Dios hizo a este Jesús, a quien tú crucificaste, Señor y Cristo. Después de escuchar este discurso, sus corazones se conmovieron y dijeron a Pedro y a los demás apóstoles: Varones hermanos, ¿qué haremos? Pedro les dijo: Arrepentíos, y bautícese cada uno de vosotros en el nombre de Jesucristo, para perdón de vuestros pecados; y recibirás el don del Espíritu Santo. Porque la promesa es para ustedes, para sus hijos y para todos los que están lejos, para cuantos el Señor nuestro Dios los llame. Y con muchas otras palabras los conjuró y exhortó, diciendo: Sed salvos de esta perversa generación. Los que aceptaron su palabra fueron bautizados; y en ese día el número de discípulos aumentó en unas tres mil almas. Perseveraban en la enseñanza de los apóstoles, en la comunión, en el partimiento del pan y en las oraciones. El miedo se apoderó de todos, y los apóstoles hicieron muchas maravillas y milagros. Todos los que creían estaban en un solo lugar y tenían todo en común. Vendieron sus propiedades y sus bienes, y repartieron el producto entre todos, según las necesidades de cada uno. Estaban todos juntos asiduos todos los días en el templo, partían el pan en las casas y comían con alegría y sencillez de corazón, Pedro frente al templo de Jerusalén ".*

El milagro del paralítico

Hechos 3:12 - "Al ver esto Pedro, dijo al pueblo: Varones de Israel, ¿por qué os maravilláis de esto? ¿Por qué tenéis vuestros ojos fijos en nosotros, como si fuera por nuestro propio poder o por nuestra piedad que nosotros había hecho este paseo hombre? el Dios de Abraham, de Isaac y de Jacob, el Dios de nuestros padres, ha glorificado Su servir a Jesús, a quien vosotros entregasteis y negasteis delante de Pilato, que era de la opinión de que debe ser liberado. Ha rechazado la Santo y Justo, y tú pediste que se te concediera la gracia de un asesino. Tú mataste al Príncipe de la vida, a quien Dios resucitó de entre los muertos; nosotros somos testigos de ello. Es por la fe en su nombre que su nombre ha fortalecido la uno que sepan y vean; fue la fe en _him_ Eso dio a este hombre esta curación completa, en presencia de todos vosotros. y ahora, hermanos, sé que usted actuó por ignorancia, lo mismo que sus líderes. Propósito en este modo Dios cumplió lo que había anunciado de antemano por boca de todos sus profetas, que su Cristo había de padecer. arrepentíos y conviértete, para que tus pecados sean borrados, para que vengan tiempos de refrigerio del Señor, y para que Él envíe a Aquel que está destinado a ti, Jesucristo, a quien el cielo ha de recibir hasta 'en los tiempos de la restauración de todas las cosas de las que Dios habló en el pasado por boca de sus santos profetas. Moisés dijo: El Señor tu Dios te levantará un profeta como yo de entre tus hermanos; Todo lo que te diga, lo escucharás, y el que no escuche a este profeta será cortado de entre el pueblo. Todos los profetas que han hablado sucesivamente desde Samuel también lo han anunciado estos días. Vosotros sois los hijos de los profetas y del pacto que Dios hizo con nuestros padres, cuando dijo a Abraham: Todas las familias de la tierra serán benditas en tu descendencia. A ustedes primero Dios, habiendo resucitado a su siervo, lo envió para bendecirlos, convirtiendo a cada uno de ustedes en sus iniquidades. "

Durante la gran persecución de los inicios

Hechos 8: 1- 25 " *Saúl había aprobado el asesinato de Esteban. Ese día hubo una gran persecución contra la Iglesia en Jerusalén; y todos, excepto los apóstoles, estaban esparcidos por las regiones de Judea y Samaria. Hombres piadosos enterraron a Esteban y lo lloraron con gran estruendo. Saulo, por su parte, estaba asolando la Iglesia; al entrar en las casas, arrancó a hombres y mujeres de ellas y los hizo meter en la cárcel. Los que habían sido esparcidos iban de un lugar a otro, proclamando las buenas nuevas de la palabra. Felipe, habiendo bajado a la ciudad de Samaria, predicó a Cristo allí. Toda la multitud estaba atenta a lo que decía Felipe cuando se enteraron y vieron los milagros que estaba haciendo. Porque de muchos endemoniados salían espíritus inmundos que lloraban a gran voz, y muchos paralíticos y cojos fueron sanados. Y hubo una gran alegría en esa ciudad. Anteriormente había en la ciudad un hombre llamado Simón, quien, pretendiendo ser una figura importante, ejercía magia y causaba asombro a la gente de Samaria. Todos, desde el más pequeño hasta el más grande, lo escucharon atentamente y dijeron: Este es el poder de Dios, que se llama grande. Lo escucharon con atención, porque los había asombrado durante mucho tiempo con sus actos de magia. Pero, cuando habían creído en Felipe, quien les anunció la buena nueva del reino de Dios y el nombre de Jesucristo, hombres y mujeres se bautizaron. El mismo Simón creyó, y después de ser bautizado nunca dejó a Felipe, y vio con asombro los milagros y las grandes maravillas que estaban sucediendo. Los apóstoles que estaban en Jerusalén, habiendo oído que Samaria había recibido la palabra de Dios, enviaron allí a Pedro y a Juan. Estos, que llegaron entre los samaritanos, oraron por ellos para que recibieran el Espíritu Santo. Porque aún no había caído sobre ninguno de ellos; solo habían sido bautizados en el nombre del Señor Jesús. Entonces Pedro y Juan les impusieron las manos y recibieron el Espíritu Santo. Cuando Simón vio que el Espíritu Santo era dado por la imposición de manos sobre los apóstoles, les ofreció dinero, diciendo: Dadme también a mí este poder, para que todo aquel a quien yo ponga las manos reciba el Espíritu Santo.. Pero Pedro le dijo: ¡Tu dinero muere contigo, porque creías que el don de Dios se adquiría con dinero! No hay parte ni suerte para ti en este asunto, porque tu corazón no está bien ante Dios. Arrepiéntete, pues, de tu maldad y ruega al Señor que te sea perdonado el pensamiento de tu corazón, si es posible; porque veo que estás en hiel amarga y en cadenas de iniquidad. Simón respondió: Rogad vosotros al Señor por mí, para que nada me suceda de lo que habéis dicho. Después de dar testimonio de la palabra del Señor y predicarla, Pedro y Juan regresaron a Jerusalén, proclamando las buenas nuevas en varias aldeas samaritanas.* "

El eunuco etíope *Hechos 8: 26 - 40*

" *Un ángel del Señor, dirigiéndose a Felipe, le dijo: Levántate y ve hacia el sur, por el camino que desciende de Jerusalén a Gaza, que es desierto. Se levantó y se fue. Y he aquí, un etíope, un eunuco, ministro de Candace, reina de Etiopía y superintendente de todos sus tesoros, vino a Jerusalén a adorar, y regresó sentado en su carro y leyó al profeta Isaías. El Espíritu le dijo a Felipe: Avanza y acércate a este carro. Felipe corrió y oyó que el etíope leía al profeta Isaías. Él le dijo: ¿Entiendes lo que estás leyendo? Él respondió: ¿Cómo puedo, si alguien no me guía? E invitó a Philippe a que subiera y se sentara con él. El pasaje de la Escritura que estaba leyendo era este: Fue llevado como oveja al matadero; Y como cordero que enmudece ante el que lo trasquila, no abrió la boca. En su humillación, su juicio fue levantado. Y su posteridad, ¿quién la retratará? Porque su vida fue cortada de la tierra. El eunuco dijo a Felipe: Te ruego, ¿de quién habla así el profeta? ¿Es de él mismo o de algún otro? Entonces Felipe, abriendo la boca y comenzando con este pasaje, le contó las buenas nuevas de Jesús. Mientras continuaban su camino, encontraron agua. Y el eunuco dijo: Aquí hay agua; ¿Qué me impide bautizarme? Philippe dice: Si crees con todo tu corazón, es posible. El eunuco respondió: Creo que Jesucristo es el Hijo de Dios. Detuvo el carro; Felipe y el eunuco descendieron al agua, y Felipe bautizó al eunuco. Cuando salieron del agua, el Espíritu del Señor se llevó a Felipe y el eunuco no lo vio más. Mientras continuaba alegremente su camino, Felipe se encontró en Azot, desde donde llegó hasta Cesarea, evangelizando todas las ciudades por las que pasó.* "

El testimonio de Esteban

Hechos 7: 1- 58 " *El sumo sacerdote dijo: ¿Es así las cosas? Esteban respondió: ¡Hombres, hermanos y padres, escuchen! El Dios de gloria se apareció a nuestro padre Abraham, cuando estaba en Mesopotamia, antes de establecerse en Charrán; y le dijo: Sal de tu tierra y de tu familia, y vete a la tierra que yo te mostraré. Luego dejó la tierra de los caldeos y se instaló en Charran. De allí, después de la muerte de su padre, Dios lo trajo a este país donde ahora vives; no le dio ninguna propiedad en esta tierra, ni siquiera lo suficiente para poner un pie, pero prometió dársela a él ya su simiente después de él, aunque no tenía hijos. Dios habló así: Su descendencia morará en tierra extranjera; será reducido a servidumbre y maltratado durante cuatrocientos años. Pero la nación a la que habrán sido esclavizados, yo la juzgaré, dice Dios. Después de eso, saldrán y me servirán en este lugar. Entonces Dios le dio a Abraham el pacto de la circuncisión; y así Abraham, habiendo engendrado a Isaac, lo circuncidó al octavo día; Isaac engendró y circuncidó a Jacob, y Jacob a los doce patriarcas. Los patriarcas, celosos de José, lo vendieron para llevarlo a Egipto. Pero Dios estaba con él y lo libró de todas sus tribulaciones; le dio sabiduría y le dio gracia ante el faraón rey de Egipto, quien lo nombró gobernador de Egipto y de toda su casa. Hubo hambre en toda la tierra de Egipto y en la tierra de Canaán. La angustia era grande y nuestros padres no podían encontrar lo suficiente para comer. Jacob se enteró de que había trigo en Egipto y envió a nuestros padres allí la primera vez. Y la segunda vez, José fue reconocido por sus hermanos, y el faraón supo de qué familia era. Entonces José envió por su padre Jacob y toda su familia, que constaba de setenta y cinco personas. Jacob bajó a Egipto, donde murió, junto con nuestros padres; y fueron llevados a Siquem, y acostados en el sepulcro que Abraham había comprado por dinero a los hijos de Hemor, padre de Siquem. Se acercaba el tiempo del cumplimiento de la promesa que Dios le había hecho a Abraham, y el pueblo crecía y se multiplicaba en Egipto, hasta que apareció otro rey, que no conocía a José. Este rey, usando artificios contra nuestra raza, maltrató a nuestros padres, hasta el punto de hacerles exponer a sus hijos, para que no vivieran. En ese momento nació Moisés, quien era hermoso a los ojos de Dios. Fue alimentado durante tres meses en la casa de su padre; y cuando estuvo expuesto, la hija de Faraón lo acogió y lo crió como su hijo. Moisés fue instruido en toda la sabiduría de los egipcios, y era poderoso en palabras y hechos. Tenía cuarenta años cuando se le ocurrió visitar a sus hermanos, los hijos de Israel. Vio a uno que fue insultado y, tomando su defensa, se vengó del maltratado y golpeó al egipcio. Pensó que sus hermanos entenderían que Dios les estaba concediendo la liberación por su mano; pero no entendieron. Al día siguiente se apareció entre ellos mientras peleaban, y los exhortó a la paz: Varones, dijo, sois hermanos; ¿Por qué se maltratan el uno al otro? Pero el que maltrataba a su vecino lo rechazó, diciendo: ¿Quién te ha puesto por gobernante y juez sobre nosotros? ¿Quieres matarme, como mataste ayer al egipcio? Al oír* *esta palabra, Moisés huyó y se fue a vivir a la tierra de Madián, donde engendró dos hijos. Cuarenta años después, en el desierto del monte Sinaí, se le apareció un ángel en la llama de una zarza ardiente. Moisés, al ver esto, se asombró de esta aparición; y al acercarse él para examinar, se oyó la voz del Señor: Yo soy el Dios de vuestros padres, el Dios de Abraham, de Isaac y de Jacob. Y Moisés, temblando, no se atrevió a mirar. El Señor le dijo: `` Quítate el calzado de tus pies, porque el lugar donde estás es tierra santa. He visto el sufrimiento de mi pueblo que está en Egipto, he oído sus gemidos y he descendido para librarlos. Ahora vete, te enviaré a Egipto. Este Moisés, a quien negaron, diciendo: ¿Quién te ha puesto por gobernante y juez? Es a él a quien Dios envió como líder y como libertador con la ayuda del ángel que se le había aparecido en la zarza. Él fue quien los sacó de Egipto, haciendo prodigios y prodigios en la tierra de Egipto, en el Mar Rojo y en el desierto durante cuarenta años. Este Moisés es el que dijo a los hijos de Israel: Dios les levantará un profeta como yo de entre sus hermanos. Fue él quien, durante la asamblea en el desierto, estando con el ángel que le habló en el monte Sinaí y con nuestros padres,* *recibió oráculos vivientes para dárnoslos. Nuestros padres no quisieron obedecerle, por eso lo rechazaron y volvieron su corazón a Egipto, diciendo a Aarón: Haznos dioses que vayan delante de nosotros; a este Moisés que nos sacó de la tierra de Egipto, no sabemos qué le habrá pasado. Y en aquellos días hicieron un becerro y ofrecieron un sacrificio al ídolo, y se regocijaron por la obra de sus manos. Entonces Dios se apartó y los entregó al culto del ejército del cielo, como está escrito en el libro de los profetas: ¿Me has ofrecido sacrificios y sacrificios Cuarenta años en el desierto, casa de Israel??... ¡Llevaste la tienda de Moloch y la estrella del dios Remphan, estas imágenes que hiciste para adorarlos! Así que te llevaré más allá de Babilonia. Nuestros padres tenían el tabernáculo del testimonio en el desierto, como el que le dijo a Moisés había mandado que lo hiciera según el modelo que había visto. Y nuestros padres, habiéndolo recibido, lo llevaron, bajo el liderazgo de Josué, a la tierra que fue poseída por las naciones que Dios expulsó delante de ellos, y permaneció allí hasta los días de David. David halló gracia ante Dios y pidió construir una morada para el Dios de Jacob; y fue Salomón quien le construyó una casa. Pero el Altísimo no habita en lo hecho por manos humanas, como dice el profeta: El cielo es mi trono, y la tierra el estrado de mis pies. ¿Qué casa me edificaréis, dice el Señor, o dónde estará mi lugar de descanso? ¿No fue mi mano la que hizo todas estas cosas?... ¡Hombres de cuello rígido, incircuncisos de corazón y de oídos! Siempre te opones al Espíritu Santo. Lo que fueron tus padres, también lo eres tú. ¿A cuál de los profetas no persiguieron vuestros padres? Mataron a los que predijeron la venida de los Justos, a quienes ahora has entregado, y cuyos homicidas habéis sido, vosotros que habéis recibido la ley según los mandamientos de los ángeles, y que no. ¡Guardia!... Al escuchar estas palabras, se enfurecieron en sus corazones y rechinaron los dientes contra él. Pero Esteban, lleno del Espíritu Santo y mirando al cielo, vio la gloria de Dios y a Jesús de pie a la diestra de Dios. Y él dijo: He aquí, veo los cielos abiertos, y al Hijo del Hombre de pie a la diestra de Dios. Gritaron a gritos, tapándose los oídos, y todos corrieron juntos hacia él, lo sacaron a rastras de la ciudad y lo apedrearon. Los testigos dejaron sus ropas a los pies de un joven llamado*

Saulo. "

Conclusión transitoria:

El nuevo nacimiento procede de la escucha de la palabra de Dios y de la fe firme en las verdades que en ella nos instruye como " *Palabra de Dios* ". Todos los que *"han nacido de nuevo "* nacieron de nuevo porque estaban en contacto con las palabras habladas por Dios. Fue a través de ángeles, una visión, un sueño, una revelación, Dios siempre usó a los enviados que había instruido a favor de quienes debían heredar su Reino, ¡siempre por el único canal, su Palabra! *Juan 1: 9 - 14 " Esta luz era la luz verdadera, la cual, viniendo al mundo (...) ilumina a todos. Ella estaba en el mundo, y el mundo fue hecho por ella (...) Pero a todos los que la recibieron, a los que creen en su nombre, les dio el poder de ser hijos de Dios, que nacieron, no de sangre. ni de la voluntad de la carne, ni de la voluntad del hombre, sino de Dios. Y la palabra se hizo carne, y habitó entre nosotros, llena de gracia y de verdad; y vimos su gloria, una gloria como la gloria del Unigénito del Padre.* "

LO QUE NOS DA EL NUEVO NACIMIENTO

Juan 1: 9 - 14 *" Esta luz era la luz verdadera que, viniendo al mundo, ilumina a todos. Ella estaba en el mundo, y el mundo fue hecho por ella, y el mundo no la conoció. Ella vino a los suyos, y los suyos no la recibieron. Pero a todos los que la recibieron, a los que creen en su nombre, les dio poder para llegar a ser hijos de Dios, que nacieron, no de sangre, ni de la voluntad de la carne, ni de la voluntad del hombre, sino de Dios.. Y la palabra se hizo carne, y habitó entre nosotros, llena de gracia y de verdad; y vimos su gloria, una gloria como la gloria del Unigénito del Padre. "*

44. ¿A quién o qué recibimos cuando la Biblia habla *" sino a todos los que la han recibido "* aquí? ¿De Jesús o de su palabra? Juan 1: 9-14

" Ella vino a lo suyo, y los suyos no la recibieron. Pero a todos los que la recibieron, a los que creen en su nombre, les dio poder para llegar a ser hijos de Dios, que nacieron, no de sangre, ni de la voluntad de la carne, ni de la voluntad del

hombre, sino de Dios.. Y la palabra se hizo carne, y habitó entre nosotros, llena de gracia y de verdad; y vimos su gloria, una gloria como la gloria del Unigénito del Padre. "

PANORAMA DE LA APARICIÓN DE CRISTO A ALGUNOS SANTOS DURANTE LA ÉPOCA APOSTÓLICA

Las 500 apariciones de Cristo a varios creyentes inmediatamente después de su resurrección comiendo con algunos e instando a otros a recordar el evangelio, incluida la escena santa. Pero una vez que Jesús regresó al cielo, incapaz de continuar su obra, le confió en su carne, implicó plenamente a su Iglesia para asumir sus responsabilidades de cara a la salvación del mundo:

a) DE **Ananías** a **Pablo.**

b) **Felipe** al **eunuco etíope.**

c) **Los dos discípulos de Emaús con los discípulos reunidos en el aposento**

alto.

d) **Pedro** al **Centurión Romano a** través de ángeles y **una visión.**

e) **Aquila** y **Priscila** hacia el evangelista **Apolos.**

Nota: El evangelio es el medio por excelencia a través del cual Jesús habló a los discípulos, pero sigue siendo aún hoy la única fuente de comunicación de Dios a los creyentes cristianos porque está escrito 1 Corintios 4: 6 " *Es por ustedes, hermanos, que hice de estas cosas una aplicación para mí y para el de Apolos, para que aprendas en nosotros a no ir más allá de lo que está escrito...* "

La lectura de la Biblia es la única vía de acceso a Jesús desde los tiempos apostólicos y permanecerá como tal hasta el regreso de Cristo y el fin del mundo. Por ejemplo, el recordatorio del mandato de Jesús para aquellos que cuestionarán su palabra:

- **Thomas**

- **María Magdalena**

Atención!

En todas las apariciones o misiones de Jesús a la Iglesia oa aquellos a quienes llamó en la Biblia, Cristo siempre se manifestó a muchas personas y no a una persona individualmente. Si iba a invitar a su Apóstol de las Naciones Pablo, envió a varios de sus servidores a quien constituía el terror de las Iglesias, para revelar el carácter eclesial de su palabra. **¡Aviso a los BUSCADORES de milagros en busca de manifestaciones espirituales!**

LA MULTITUD DE TESTIGOS DE LA FE EN DIOS EN LA BIBLIA

La ofrenda aceptada por Abel a Dios por medio de su fe.

Hebreos 11, 12: 1 - 40, 12: 1 - 8 " *Por la fe Abel ofreció a Dios un sacrificio más excelente que el de Caín; fue a través de ella que fue declarado justo, Dios aprobando sus ofrendas; y es a través de ella que él todavía habla, aunque está muerto.* "

El rapto físico de Enoc al cielo a través de su fe:

Hebreos 11, 12: 1 - 40, 12: 1 - 8 " *Por la fe Enoc fue levantado para que no viera la muerte, y que ya no aparecería porque Dios lo había llevado; porque antes de su rapto había recibido un testimonio de que agradaba a Dios. Pero sin fe es imposible agradarle; porque el que se acerca a Dios debe creer que Dios existe y que es el remunerador de quienes lo buscan.* "

La advertencia de Dios a Noé antes de la destrucción de los pecadores de antaño. *Hebreos 11, 12: 1 - 40, 12: 1 - 8*

" Fue por la fe que Noé, advirtió divinamente de cosas que aún no se habían visto, y sobrecogido de reverencia, construyó un arca para salvar a su familia; fue por ella que condenó al mundo y se convirtió en heredero de la justicia que se obtiene por la fe. Es por la fe que Abraham, durante su vocación, obedeció y se fue a un lugar que iba a recibir como herencia, y que se fue sin saber adónde iba. Fue por la fe que vino a establecerse en la tierra prometida como en tierra extranjera, viviendo en tiendas, al igual que Isaac y Jacob, coherederos de la misma promesa. Porque esperaba la ciudad que tiene cimientos sólidos, aquella de la cual Dios es el constructor y el constructor. Fue por la fe que la propia Sara, a pesar de su avanzada edad, pudo tener simiente, porque creyó en la fidelidad del que había hecho la promesa. "

El cumplimiento de la promesa de Dios a Jacob de llenar la tierra.

Hebreos 11, 12: 1 - 40, 12: 1 - 8 " *Por tanto, de un hombre, ya agotado de cuerpo, nació una semilla numerosa como las estrellas del cielo, como la arena que está al borde del. mar mar. y no puede ser 'contado que era en la fe de que todos ellos murieron, sin haber obtenido las cosas prometidas; propósito que vieron em y los saludó desde lejos, reconociendo que eran extranjeros y viajeros en la tierra. los que hablan MUESTRAN ASÍ que están buscando una patria. Si hubieran tenido a la vista la de donde venían, hubieran tenido tiempo de volver. Pero ahora quieren una mejor, que es celestial. Por eso Dios no se avergüenza ser llamados Dios de ellos, porque les ha preparado una ciudad* ".

La Ofrenda del Sacrificio de Isaac a Dios por Abraham a través de su Fe activa. Hebreos 11, 12: 1 - 40, 12: 1 - 8

" *Por la fe Abraham ofreció a Isaac, cuando fue puesto a prueba, y ofreció a su único hijo, el que había recibido las promesas, y a quien se dijo: En Isaac se te llamará posteridad. Creía que Dios es poderoso incluso para resucitar a los muertos; así que lo recuperó mediante una especie de resurrección. Fue por la fe que Isaac bendijo a Jacob y Esaú para lo que vendría. "*

La bendición de Jacob sobre sus hijos a través de la fe activa.

Hebreos 11, 12: 1 - 40, 12: 1 - 8 " Por la fe Jacob, muriendo, bendijo a cada uno de los hijos de José y adoró apoyado en el extremo de su bastón. "

El traslado de los Huesos de José anunciando la salida de Egipto por Fe.

Hebreos 11, 12: 1 - 40, 12: 1 - 8 " Fue por fe que el moribundo José mencionó la salida de los hijos de Israel y dio órdenes acerca de sus huesos. "

El nacimiento oculto de Moisés por fe.

Hebreos 11, 12: 1 - 40, 12: 1 - 8 " Por la fe Moisés, cuando nació, estuvo escondido de sus padres durante tres meses, porque vieron que el niño era hermoso y que no temían la orden del rey. "

La lucha titánica de Moisés contra Egipto por una fe valiente.

Hebreos 11, 12: 1 - 40, 12: 1 - 8 " Fue por la fe que Moisés, cuando creció, se negó a ser llamado hijo de la hija de Faraón, prefiriendo ser maltratado con el pueblo de Dios que ' para disfrutar del pecado por un tiempo, viendo el oprobio de Cristo como una riqueza mayor que los tesoros de Egipto, porque tenía los ojos puestos en la recompensa. Por la fe salió de Egipto, sin temor a la ira del rey, porque se mantuvo firme firme, como viendo al Invisible. Por la fe hizo la Pascua y el rociado de la sangre, para que el exterminador no tocara al primogénito de los israelitas. Por la fe cruzaron el Mar Rojo como un lugar seco, mientras que los egipcios quienes lo intentaron fueron devorados ".

La victoria de los hijos de Dios sobre los muros de Jericó.

Hebreos 11, 12: 1 - 40, 12: 1 - 8 " Por la fe cayeron los muros de Jericó, después de haber sido rodeados por siete días. Es por la fe que Rahab la ramera no pereció con los rebeldes, porque había recibido a los espías con bondad. "

La multitud de testigos citados de la fe en Dios. *Hebreos 11, 12: 1 - 40, 12: 1 - 8*
" ¿Y qué más diré? Porque no tendría tiempo suficiente para hablar de Gedeón, Barac, Sansón, Jefté, David, Samuel y los profetas, quienes por la fe conquistó reinos, ejerció la justicia, obtuvo promesas, cerró la boca de los leones, extinguió el poder del fuego, escapó del filo de la espada, curó sus enfermedades, fue valiente en la guerra, hizo huir a los ejércitos extranjeros ".

La Procesión de los Testigos olvidados de la Fe en Dios.

Hebreos 11, 12: 1 - 40, 12: 1 - 8 "Las mujeres recuperaron a sus muertos por la resurrección; otros fueron entregados a tormentos y no aceptaron liberación para obtener una mejor resurrección; otros sufrieron burlas y azotes, cadenas y prisión; fueron apedreados, aserrados, torturados, murieron asesinados a espada, iban de aquí para allá vestidos con pieles de oveja y de cabra, desprovistos de todo, perseguidos, maltratados, los que el mundo no era digno, vagando por desiertos y montañas., en cuevas y guaridas de la tierra. Todos estos, de cuya fe se testificó, no obtuvieron lo que se les prometió, pues Dios tenía en vista algo mejor para nosotros, que no llegarían a la perfección sin nosotros. "

Interpelación de la Iglesia del fin de los tiempos con respecto a los Testigos de la Fe.

Hebreos 11, 12: 1 - 40, 12: 1 - 8 *" Por lo tanto, nosotros también, ya que estamos rodeados de una gran nube de testigos, desechamos toda carga y el pecado que tan fácilmente nos envuelve, y corremos con perseverancia en la carrera abierta a nosotros, los ojos en Jesús, el líder y los consumidores de la fe, que, a la vista de la alegría reservada para _him_, sufrió la cruz, la ignominia despreciado, y se sentó a la diestra del trono de Dios. Considere, de hecho, el que ha soportado tal oposición contra su persona por parte de los pecadores, para que no se canse con el alma desanimada ".*

El mayor desafío para los cristianos de hoy para mantener la fe.

Hebreos 11, 12: 1 - 40, 12: 1 - 8 *" Aún no habéis resistido hasta la sangre, luchando contra el pecado. Y te has olvidado de la exhortación que se te dirige como a hijos: Hijo mío, no menosprecies el castigo del Señor, y no desmayes cuando te reprenda; Porque el Señor castiga al que ama y golpea con vara a todos los que reconoce como hijos. Soporta el castigo: Dios te trata como a hijos; porque ¿quién es el hijo a quien un padre no castiga? Pero si están exentos del castigo del que todos participan, entonces son hijos ilegítimos y no hijos. "*

45. ¿Y por qué se dice que hay una sola fe, cuál? *" El centurión romano "*

46. ¿Es apropiado citar algunos versículos de la Biblia contenidos en el Antiguo Testamento para apoyar la obra de salvación de Cristo? Ejemplo Hageo 2: 13

" Y Hageo dijo: Si alguien contaminado por el toque de un cadáver, llaves todas estas cosas, ¿será contaminado? Los sacerdotes: Ellos serán impuros. "

Nota: ¿Es el ejemplo de este versículo bíblico citado por un predicador cristiano relevante hoy en día, usándolo para justificar lo que se considera puro de lo que no lo es? En vista del cristianismo desde la era mesiánica, ¿podemos esperar fortalecer la fe de los cristianos leyendo este versículo bíblico del antiguo pacto? **¡Obviamente no!**

47. ¿Concierne también a los incrédulos la confesión de los pecados?

Hechos 18:19 *" Muchos de los que creyeron vinieron y confesaron y declararon lo que habían hecho. Y un cierto número de los que habían practicado las artes mágicas, habiendo traído sus libros, los quemaron delante de todos: se estimó en cincuenta mil piezas de plata. "*

48. ¿El recuerdo de los pecados pasados siempre regresa cuando nace de nuevo? *Hebreos 9:14*

"¡ C uy más la sangre de Cristo, el cual por el Espíritu eterno se ofreció a sí mismo sin mancha a Dios, él purificará vuestra conciencia de obras muertas, para que sirvamos al Dios vivo! "

CONCLUSIÓN FINAL

Hermanos y hermanas cristianos, si bien han estado interesados en las enseñanzas de esta serie de estudios bíblicos, `` **EL QUE LEE PRESTE ATENCIÓN ",** les estamos agradecidos por su interés en el llamado de Dios que les extiende su mano para ayudarles. en estos tiempos difíciles de fe. Pero debes saber que Dios te ama infinitamente. Por nuestra parte, sabemos que Cristo nos recomienda en esta misión de defensa de la causa del evangelio. Un " *evangelio puro sin manchas ni arrugas preparando su Iglesia de los últimos tiempos que el Hijo de Dios vuelve a buscar* " Efesios 5: 24-27 " *Ahora bien, así como la Iglesia está sujeta a Cristo, las mujeres también deben estar sujetas a Cristo. sus maridos en todo. Esposos, amen a sus esposas, como Cristo amó a la Iglesia y se entregó a sí mismo por ella, para santificarla con la palabra, después de haberla purificado con el bautismo de agua, para hacer aparecer ante él esta Iglesia gloriosa, sin* *mancha o arruga, o cualquier cosa por el estilo, pero santo y sin mancha.* "

Por eso, Amados en Cristo, te animamos a que sigas leyendo y estudiando las enseñanzas bíblicas que recibes de forma gratuita. Permanezca en un espíritu de oración continua mientras estudia la palabra de Dios para que él pueda darle el don del Espíritu Santo a través del baño del Nuevo Nacimiento. Nunca olvides que tu único bien real es y sigue siendo el Espíritu Santo de Dios, que Jesús dijo que era tu " *propiedad original y no un préstamo en comparación con cualquier otra posesión de cualquier tipo* ". " También debes saber que " *el que no tiene el ¡El Espíritu de Cristo no le pertenece a Cristo!* " Para que el Espíritu Santo es la garantía, es decir, la señal de Dios en su pueblo a los creyentes cristianos y el autor de su amor supremo que se muestran a usted y su familia. Que Dios transmisión para que la vida eterna por que bautizar con el Espíritu Santo que recibimos de Jesús solo, quien recibió el mandato de Dios a través del bautismo en su nombre y el agua para recibir el bautismo del Espíritu Santo. Que seas sellado para el día de la redención en el día de su regreso. Ten cuidado de recordar lo que el La Biblia dice que es esencial para la emisión de su Nuevo Nacimiento: *Juan 1: 1 de 4.10 a 18, 32-34 " en el principio era el Verbo, y el Verbo estaba con Dios, y el Verbo era Dios. Ella era en el principio con Dios. Todas las cosas fueron hechas por ella, y nada de lo que se hizo se hizo sin ella. En ella estaba la vida, y la vida era la luz de los hombres. (...) Ella estaba en el mundo, y el mundo fue hecho por ella. y el mundo no la conoció. Ella vino a los suyos, y los suyos no la recibieron. Pero a todos los que la recibieron A los que creen en su nombre, les dio poder para ser hijos de Dios, que no nacieron de sangre, ni de la voluntad de la carne, ni de la voluntad del hombre, sino de Dios. Y la palabra se hizo carne, y habitó entre nosotros, llena de gracia y de verdad; y vimos su gloria, una gloria como la gloria del Unigénito del Padre. Juan dio testimonio de él y clamó: Este es de quien dije: El que viene después de mí, está antes de mí, porque fue antes que yo. Y todos hemos recibido de su plenitud, y gracia por gracia; porque la ley fue dada por Moisés, la gracia y la verdad vinieron por medio de*

Jesucristo. Nadie ha visto jamás a Dios; el unigénito Hijo, que está en el seno del Padre, es el que le dio a conocer. Juan dio este testimonio: Vi al Espíritu descender del cielo como una paloma y descansar sobre él. Yo no lo conocía, pero el que me envió a bautizar con agua, ese me dijo: Aquel sobre quien verás descender y detenerse el Espíritu, es el que bautiza con el Espíritu Santo. Y vi y testifiqué que es el Hijo de Dios. "

RESUMEN:

PREFACIO

CARTA DE ANIMO DEL AUTOR, PARA USTED!

Texto para estudiar

INTRODUCCIÓN

Nuestro modelo: Jesucristo,

El consumidor de la fe cristiana

1. *¿Qué pregunta les presenta Jesús a sus discípulos para el camino de la fe?* *Lucas 9: 18-22*
2. ¿Quién dicen que soy? *Lucas 9: 18-22*

Arrepentimiento, JUSTICIA, MISERICORDIA y FE CONOCIMIENTO EXACTO DE JESUCRISTO Y DIOS: ALGUNAS CLAVES PARA EL NUEVO NACIMIENTO.

3. ¿Y no hará Dios justicia a sus elegidos, que claman a él día y noche, y se demorará con ellos? *Lucas 18: 1-8*
4. *Pero, cuando venga el Hijo del Hombre, ¿encontrará fe en la tierra?* "

5. Si te hicieran la misma pregunta: ¿tienes FE? Cual seria tu respuesta?

6. ¿No está salpicado de puras dudas para calificarlo de auténtico? Segundo: ¿No estamos finalmente invitados a iniciarlo, a crearlo, además a innovarlo como los que nos precedieron? Pero, ¿cuál es la `` fe '' de los ex rehenes del pecado recientemente liberados?

7. ¿Es esta facultad del don de Dios la que, por tanto, conduciría a la FE?

8. ¿De dónde más pueden provenir las dificultades de una vida cristiana insatisfecha? *Lucas 12:34 - 48*

9. *¿Cuánta "fe" hay en las Sagradas Escrituras? Efesios 4: 4-6*

10. *Pero, ¿qué es la fe? Hebreos 11: 1-3*

MANIFESTACIÓN DE LA FE CRISTIANA

11. ¿Cuál es la mayor manifestación de fe en el universo? *Hebreos 11, 12: 1 - 40, 12: 1 - 8*

12. El acceso al don de la fe es una búsqueda humilde. Cual es la ruta? *Mateo 15: 24-28*

13. En otra ocasión, Jesús protestó por una solicitud similar. Pero, ¿por qué es eso?

14. ¿Por qué el oficial romano se considera indigno de recibir a Jesús? *Mateo 15: 24-28*

15. Al citar su ejemplo, ¿justifica el oficial romano la sumisión de Jesús a su vez a una autoridad superior? Si así, el que uno? *Mateo 15: 24-28*

16. *Según el pasaje de Mateo 15: 24-28, ¿cuáles serían los súbditos de Jesús comparables a los del Centurión? Apocalipsis 1: 1*

17. ¿Qué esperaba el oficial romano a que Jesús tuviera acceso a una solicitud de ayuda? *Mateo 15: 24-28*

18. ¿Cómo evalúa Jesús la fe de este oficial romano? *Mateo 15: 24-28*

19. *¿A qué otro ejemplo nos remite este episodio? Mateo 15: 24-28*

DOS PERSONAS EXTRANJERAS A LA NACIÓN DE ISRAEL: ¡RESULTADO DE LA MISMA FE!

20. ¿Cómo habían soldado romano y el siro mujer -Phoenician sido alentado por Jesús, siguiendo sus respectivas misiones?

21. Y para eliminar cualquier ambigüedad sobre su misión a favor del resto del mundo, ¿qué dice Jesús al respecto?

22. Por otro lado, ¿qué ultimátum les da Jesús a los judíos?

23. Pero, ¿fue esta fe asombrosa a favor de los enfermos la expresión perfecta de fe que conduce a la salvación eterna?

24. ¿Puede Jesús sorprenderse? El que sabía todo sobre el hombre.

25. ¿Pero cuál fue la muerte? ¿Biológico o espiritual? *1 Corintios 15: 48-57*

26. *Muerte, ¿dónde está tu victoria? Oh muerte, ¿dónde está tu aguijón?*

27. ¿Ha comido el hombre el fruto? Si o no? *Génesis 3: 9-12*

28. *Adán después de haber comido el fruto prohibido, ¿por qué no murió inmediatamente ese mismo día? Génesis 3: 17-19*

29. Pero, ¿cuáles son las condiciones para el nuevo nacimiento espiritual?

30. *Entonces, ¿cuál es la consecuencia de la desobediencia de nuestros primeros padres en el Jardín del Edén? 1 Corintios 15: 20-28*

31. Adán ya no lleva el espíritu de Dios en él, los hijos nacidos después de su pecado,

¿de quién tendrán semejanza? *1 Corintios 1 15: 42 - 47*

32. Pero, ¿Adán y su familia experimentaron inmediatamente la muerte por la profanación de la ley divina? *Génesis 2: 16-17*

33. *La razón por la que Adán no murió el día que comió del fruto prohibido como Dios le advirtió 2 Pedro 3: 8-10*

34. Si un `` día equivale a 1000 años '' hasta qué edad Adam viven entonces?

35. Pero, ¿por qué Adán no conoció inmediatamente la muerte ese mismo día? *2 Pedro 3: 8-10*

36. *Entonces, ¿qué nos preocupa? Hechos 17: 26-28*

37. *¿Cómo calificó Jesús a los que solo tienen vida biológica adámica? Lucas 9:60*

38. Entonces, ¿cómo es posible que una muerte espiritual funcione para Dios?

CONCEPCIONES FALSAS DEL NUEVO NACIMIENTO

39. ¿Es el celo por evangelizar prueba suficiente de haber adquirido un nacimiento espiritual? *Hechos 18: 24-28* Un judío llamado Apolos

40. *¿Se verifica que todo bautismo da vida espiritual? 1 Corintios 15:29*

41. Entonces, ¿con qué bautismo fuiste bautizado?

42. ¿El celo en las oraciones confirma el nacimiento espiritual?

Cornelio el Centurión Romano *Hechos 10: 1-48*

¿La caridad hacia los demás asegura el nuevo nacimiento?

Cornelio el Centurión Romano *Hechos 10: 1-48*

43. ¿Es un nacimiento anunciado proféticamente la señal de un nacimiento espiritual? Samuel el Profeta Joven *1 Samuel 1: 27-28*

44. ¿QUÉ ES EL PROCESO DE LA GIFTING DE LA FE EN JESÚS CRISTO Y EL NUEVO NACIMIENTO?

45. *¿Cómo se transmite la fe?*

Los dos discípulos de Emaús *Lucas 24,13-32*

El día de Pentecostés, *Hechos 2: 14-27*

El milagro del paralítico *Hechos 3: 12*

Durante la gran persecución de los inicios *Hechos 8: 1- 25*

El eunuco etíope *Hechos 8: 26 - 40*

El testimonio de Esteban *Hechos 7: 1-58*
Conclusión intermedia:
LO QUE NOS DA NUEVO NACIMIENTO *Juan 1: 9-14*
46. ¿A quién o qué recibimos cuando la Biblia habla " *sino a todos los que la han recibido* " aquí? ¿De Jesús o
de su palabra? *Juan 1: 9-14*
PANORAMA DE LAS APARUCIONES DE CRISTO A ALGUNOS SANTOS DURANTE LA TIEMPO APOSTÓLICO
De Ananías a Pablo.
Philippe al eunuco etíope.
Los dos discípulos de Emaús con los discípulos se reunieron en el aposento alto.
Pierre al Centenario Romano a través de ángeles y una visión.
Aquila y Priscila hacia el evangelista Apolos.
Thomas
María Magdalena
LA MULTITUD DE TESTIGOS DE LA FE EN DIOS EN LA BIBLIA
La ofrenda aceptada por Abel a Dios por medio de su fe.
El rapto físico de Enoc al cielo a través de su fe: *Hebreos 11, 12: 1 - 40, 12: 1 - 8*

La advertencia de Dios a Noé antes de la destrucción de los pecadores de antaño. *Hebreos 11, 12: 1 - 40, 12: 1 - 8*

El cumplimiento de la promesa de Dios a Jacob de llenar la tierra. *Hebreos 11, 12: 1 - 40, 12: 1 - 8*

La Ofrenda del Sacrificio de Isaac a Dios por Abraham a través de su Fe activa. *Hebreos 11, 12: 1 - 40, 12: 1 - 8*

La bendición de Jacob sobre sus hijos a través de la fe activa. *Hebreos 11, 12: 1 - 40, 12: 1 - 8*

El traslado de los Huesos de José anunciando la salida de Egipto por Fe. *Hebreos 11, 12: 1 - 40, 12: 1 - 8*

El nacimiento oculto de Moisés por fe. *Hebreos 11, 12: 1 - 40, 12: 1 - 8*

La lucha titánica de Moisés contra Egipto a través de una fe valiente *Hebreos 11, 12: 1 - 40, 12: 1 - 8*

La victoria de los hijos de Dios sobre los muros de Jericó. *Hebreos 11, 12: 1 - 40, 12: 1 - 8*

La multitud de testigos citados de la fe en Dios. *Hebreos 11, 12: 1 - 40, 12: 1 - 8*

La Procesión de los Testigos olvidados de la Fe en Dios. *Hebreos 11, 12: 1 - 40, 12: 1 - 8*
Interpelación de la Iglesia del fin de los tiempos con respecto a los Testigos de la Fe.
Hebreos 11, 12: 1 - 40, 12: 1 - 8
El mayor desafío para los cristianos de hoy para mantener la fe. *Hebreos 11, 12: 1 - 40, 12: 1 - 8*
47. *¿Y por qué se dice que hay una sola fe, cuál? " El centurión romano "*
48. *¿Es apropiado citar algún versículo bíblico del Antiguo Testamento para apoyar la obra de salvación de Cristo? Ejemplo Hageo 2: 13*
49. ¿Se aplica también la confesión de pecados a los incrédulos? *Hechos 18:19 "*
50. *¿El recuerdo de los pecados pasados siempre regresa cuando nace de nuevo? Hebreos 9:14*
CONCLUSIÓN FINAL
RESUMEN
EN LA MISMA COLECCIÓN DE ESTUDIO BÍBLICO

EN LA MISMA COLECCIÓN DE ESTUDIO BÍBLICO:

1. LA PROFECÍA MÁS LARGA DE LA BIBLIA; TÍTULO I, EL BAUTISMO DE JESUCRISTO, EL ANUNCIO DEL SANTO DE LOS SANTOS.
2. LA PROFECÍA MÁS LARGA DE LA BIBLIA; TÍTULO II, LA PURIFICACIÓN DEL SANTUARIO, SATANÁS ES CAZADO DEL CIELO.
3. EL FIN DEL MUNDO EN LA BIBLIA Y LA SEÑAL DE LA BESTIA, EL " 666 ".
4. LA GRAN SEÑAL DE LA BESTIA, LA (666) REVELADA.
5. ¿CÓMO HAN TOMADO YA LOS HOMBRES LA SEÑAL (666) DE LA BESTIA EN EL FRENTE?
6. ¿CÓMO HAN TOMADO YA LOS HOMBRES (666) LA SEÑAL DE LA BESTIA EN LA MANO?

7. LOS DIEZ MANDAMIENTOS DE DIOS Y LA SALVACIÓN EN JESUCRISTO.

8. LOS TIEMPOS, EL PECADO DE JUDAS EN LA IGLESIA CONTEMPORÁNEA APOSTASIADO.

9. ¿CUÁLES SON LOS OTROS SIGNOS DE LA BESTIA?

10. EL FUNCIONAMIENTO DE LA IGLESIA APÓSTATA.

11. PARAÍSO Y ESPERANZA CRISTIANA.

12. LA IGLESIA, LOS CRISTIANOS.

13. ¿ QUIÉN ES EL VERDADERO DIOS?

14. ¡ HAY UN DIOS!

15. ¡ HAY UN SEÑOR!

16. ¡ HAY UN ESPÍRITU!

17. ¡ SOLO HAY UNA FE!

18. ¡ HAY UNA ESPERANZA!

19. ¡ HAY UN CUERPO!

20. ¡ SOLO HAY UN BAUTISMO!

21. **EL SELLO DE DIOS EN EL APOCALIPSIS.**

22. **EL SELLO DEL DIABLO EN EL APOCALIPSIS.**

23. **DÍA CUANDO el Vaticano, la gran prostituta, LA MADRE DE LA NECESARIA será destruido.**

24. **AQUÍ ESTÁ LA GRAN SEÑAL DEL FIN DE LOS TIEMPOS Y EL REGRESO DE JESÚS DE CRISTO.**

25. **EL MOVIMIENTO ISLÁMICO DESCRITO EN EL LIBRO DEL APOCALIPSIS.**

26. **LA ÚLTIMA IGLESIA, LOS 144.000, EL REGRESO DEL SEÑOR JESUCRISTO Y LA ETERNIDAD.**

27. ***VIGÉSIMO SÉPTIMA ESCRITURA: ¡EL TESTIMONIO! VIDA CRISTIANA Y TESTIMONIOS!***

Printed by Books on Demand GmbH, Norderstedt / Germany